Cerddi'n Cerdded

Gwyneth Glyn
Lluniau Mary Kilvert

Gomer

I Bedwyr, Garmon,
Llew a Brengain

Cyhoeddwyd yn 2008 gan Wasg Gomer,
Llandysul, Ceredigion SA44 4JL
www.gomer.co.uk

ISBN 978 1 84323 803 4

℗ cerddi: Gwyneth Glyn, 2008
℗ lluniau: Mary Kilvert, 2008

Cedwir pob hawl. Ni chaniateir atgynhyrchu unrhyw ran o'r cyhoeddiad hwn na'i gadw mewn cyfundrefn adferadwy na'i drosglwyddo mewn unrhyw ddull na thrwy unrhyw gyfrwng, electronig, electrostatig, tâp magnetig, mecanyddol, ffotogopïo, recordio nac fel arall, heb ganiatâd ymlaen llaw gan y cyhoeddwyr.

Dymuna'r cyhoeddwyr gydnabod cymorth Cyngor Llyfrau Cymru.

Argraffwyd a rhwymwyd yng Nghymru gan Wasg Gomer, Llandysul, Ceredigion SA44 4JL

Rhagair

RHYBUDD

Peidiwch â darllen y cerddi yma os oes gennych alergedd at y canlynol:

ailgylchu
bwystfilod
babis
blodau
cwsg
cymylau
ffrindiau
gwrachod
odlau
pryfaid a thrychfilod o bob math
'steddfod
sgidiau
trwynau mawr
teuluoedd

Fel arall, mwynhewch!

Gwyneth Glyn

Cynnwys

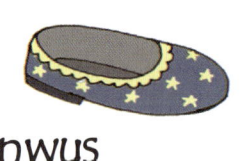

Y Gerdd Werdd	5
Cerddi'n Cerdded	6
Teulu	8
Hen Fabi Newydd	10
Cathod y Lôn	12
Datgymalu cylymau cymylau	13
Pry Pric yn y Picnic	14
Pam ma' Mam yn Mad am Sgidiau?	16
Monstar i Mi!	18
Ffrind Gorau	20
Trwyn-ws Macsimws	21
Steddfod yn fy Stafell	22
Pryfalwopyn	24
Drychiolaeth	26
Nodyn Bodyn	28
Dianc	29
Hunaniaeth	30
Cyn Cwsg	32

Y Gerdd Werdd

Sgen ti botel? Sgen ti bapur?
Sgen ti ganiau? Sgen ti dun?
Sgen ti amser i ail-feddwl
cyn eu taflu nhw i'r bin?

Casgla rhain fel trugareddau,
adeilada bentwr mawr,
yna tro nhw'n drysor newydd
fel mae'r machlud yn troi'n wawr.

Bwyda di y blwch ail-gylchu,
llanwa di y crochan hud.
Gwylia hen bapurau echdoe
yn troi'n gylchgrawn newydd, drud.

Tro dy dun yn degan digri,
tro focs sgwâr yn botel gron.
Tro hen eiriau rhwng dy ddwylo
i wneud cerddi newydd sbon.

Cerddi'n Cerdded

Dwi 'di gweld cerdd yn cerdded!
Dwi 'di gweld rhigwm yn rhedeg,
Dwi 'di gweld gair yn gyrru,
Dwi 'di gweld llinell yn llamu!

Weli di'r soned 'na'n sgipio?
Weli di'r sill 'na'n sglefrfyrddio?
Weli di'r haicw 'na'n hercian?
Weli di'r englyn 'na'n hongian?

Glywi di'r trosiad na'n t'ranu?
Dacw dair cân yn carlamu!
Sbia – pum pennill yn prancio,
a phedair baled yn beicio!

Mae ambell i limrig yn loncian,
a rhai cwpledi yn cropian.
Mae cychwyn cerdd yn antur ond
mae diwedd pob un yn sefyll yn stond.

Teulu

Mae Elin a Sam
yn byw hefo'u mam.

Mae Bethan o'r bwthyn
yn unig blentyn.

Mae gan Gethin o Gaer
hanner chwaer.

Mae rhieni Huw
yn wahanol liw.

Tydi mam a tad Ffion
ddim yn gariadon.

Mae Ceri a Cain
yn byw hefo'u nain.

Mae brawd bach Lleucu
wedi'i fabwysiadu.

Waeth pwy yw dy deulu,
mae Duw yn dy garu.

Hen Fabi Newydd

Mae yna fabi newydd
wedi glanio yn tŷ ni.
'Di o'n gneud dim byd ond crio,
taflu fyny a phi-pi.

Bob tro dwi'n edrych arno
mae o'n sbio arna i'n gam.
Y fo sy'n cael y sylw i gyd,
a chariad Dad a Mam.

A hynny er ei fod o
yn sgrechian ganol nos.
Dio'n dallt 'run jôc na stori,
na hyd yn oed bi-pôs!

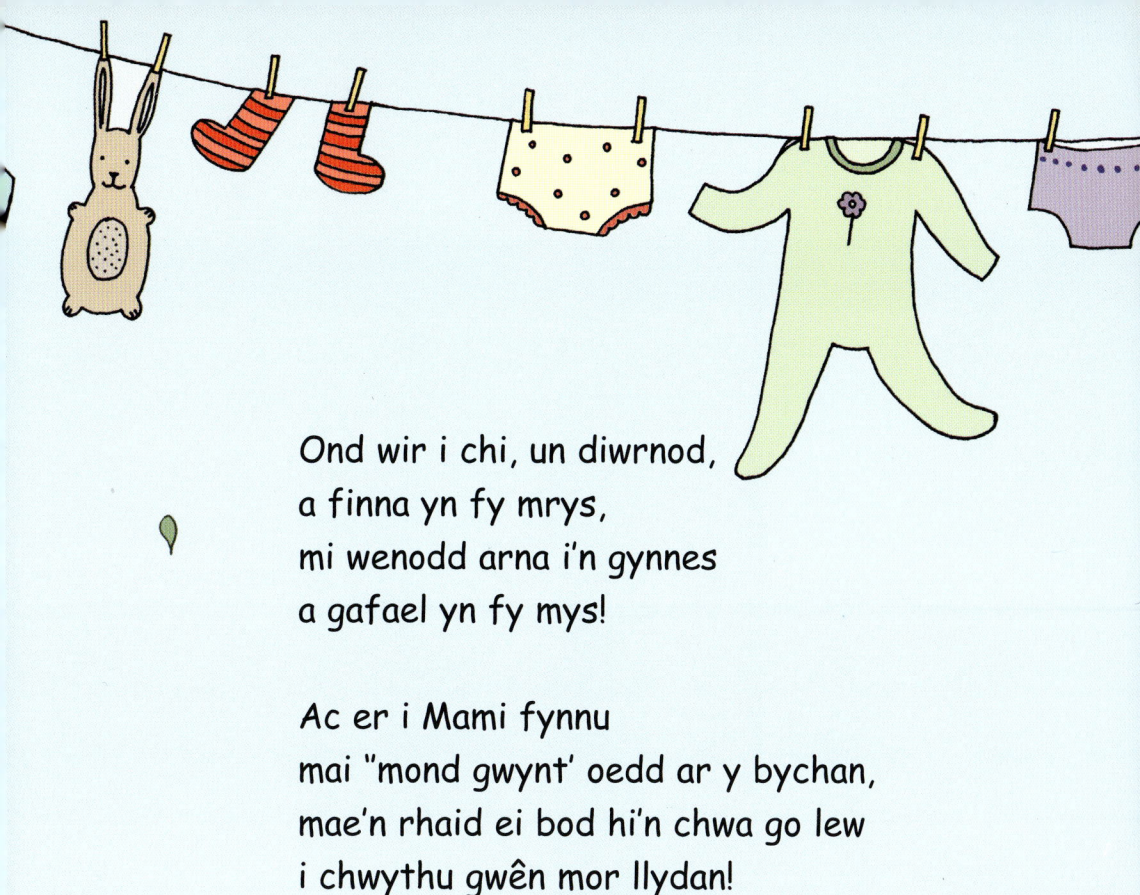

Ond wir i chi, un diwrnod,
a finna yn fy mrys,
mi wenodd arna i'n gynnes
a gafael yn fy mys!

Ac er i Mami fynnu
mai "mond gwynt' oedd ar y bychan,
mae'n rhaid ei bod hi'n chwa go lew
i chwythu gwên mor llydan!

Cathod y Lôn

Waeth lle rwyt ti'n teithio
fedri di fyth anghofio
fod 'na gathod yn gwylio.

Eu llygaid llachar,
llechwraidd fel lleidar
yn dy ddilyn fel rêdar.

Mae'r ceir fan draw
yn gwibio drwy'r glaw
gan wneud sŵn 'miaaaaaaw!'

Datgymalu cylymau cymylau

Draenog pigog ydi sirws,
nid tatws stwnsh fel cwmwlws,
na phyllau mân y stratws
yn yr awyr fawr,
fel llefrith
wedi'i dywallt
gan ryw gawr.
A phentwr o gerrig
yn gorffwys ar ddimbws
ydi cymylau
cwmwlo-nimbws.

Pry Pric yn y Picnic

Roedd 'na bry cop yn y pop,
pry llydan yn y frechdan,
pili pala ar y fala,
chwilen yn y gacen,
gwenyn yn y menyn,
cacwn ar y bacwn,
siani flewog ar yr eog,
mosgito ar y tomato,
cnonod yn y nionod,
chwain ar darten Nain,
lindys ar y mefus,
penbyliad yn y salad,
morgrugyn ar y brigyn
a gwybedyn yn y rhedyn,
ond 'nes i'm bwyta'r rheiny!

15

Pam ma' Mam yn Mad am Sgidiau?

'Wyt ti 'di'u llnau nhw?'
'Cofia'u cau nhw!'
'Ti 'rioed 'di'u glychu nhw?'
'Cofia'u sychu nhw!'

Pam ma' Mam yn mad am sgidiau?

'Paid â'u cicio nhw!'
'Paid â'u plicio nhw!'
'Paid â'u crafu nhw
na'u hanafu nhw!'

Pam ma' Mam yn mad am sgidiau?

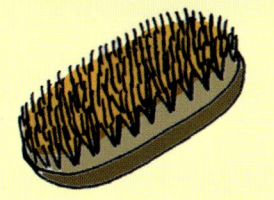

'Ydyn nhw'n ffitio?'
'Ydyn nhw'n dy binsio?'
'Ydyn nhw'n rhy fach?'
'Ydi'r creiau yn strach?'

Pam ma' Mam yn mad am sgidiau?

'Ma' nhw'n dyllau i gyd,
yn da i ddim byd.
Rydw inna awydd
pâr bach newydd . . .'

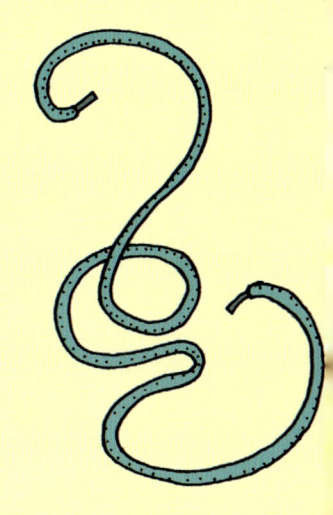

A *dyna* pam ma' Mam yn mad am sgidiau!

Monstar i Mi

Dwi'n foi am fonstars.
Dwi angen anghenfil.
Gen i awydd un anferth;
gen i flys am fwystfil!

Rhowch imi un
sy'n rhuo a ffraeo,
bygwth a bytheirio,
gweiddi a glafoerio.

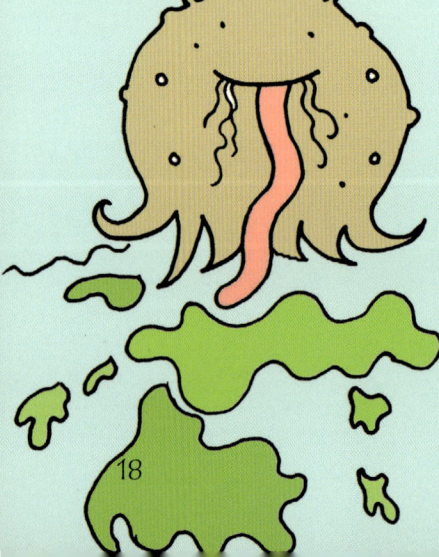

Rhowch imi un
sy'n chwalu a malu,
taro, torri,
fflemio a fflamio.

Dwi'n foi am fonstars,
rhai bach a rhai mawr.
Cyn belled â'u bod nhw
yn byw rhwng dau glawr!

Ffrind Gorau

Pan weli di ffrindiau ddydd Llun,
mi fyddi'n rhoi gwên i bob un.
Ond pan weli di ddrych,
cyhoedda: 'Dwi'n wych!'
a rho wên fach i ti dy hun.

Pan fydd cyfaill â'i ben yn ei blu,
ti'n holi'n garedig 'be sy?'
Ond pan *ti* angen cysur,
paid bod yn rhy brysur
i gofleidio dy hun yn gry.

Pan ti'n caru dy hun i gyd,
ac yn ffeind wrth dy hunan o hyd,
mi fydd gen ti yn syth
gwmni difyr am byth,
a'r ffrind bach gorau'n y byd!

Trwyn-ws Macsimws

Pan ges i 'ngalw'n enwau
am fod fy nhrwyn i'n fawr
mi ges i 'mrifo'n arw;
mi griais tan y wawr.

Ond yna, yn y bore,
doedd pethau ddim mor ddu;
mi fedrwn i ogleuo
llond pot o goffi cry.

Nid arogl o'r gegin
oedd yn dod i fyny'r grisia;
roedd hwn yn stwff arbennig
oedd yn ffrwtian yng Ngholombia!

Steddfod yn fy Stafell

Llynedd yn y Steddfod mi ges i glamp o gam.
Doedd 'run o'r beirniaid bôring yn cytuno efo Mam
mai FI oedd gwir bencampwr llefaru dan ddeuddeg oed.
Dim cyntaf, ail na thrydydd; dim llwyfan hyd yn oed!

Pwdais am flwyddyn gyfa, wfftiais at Mr Urdd;
'dâi 'run o 'nhraed byth bythoedd mwy am dro ar hyd
 y ffyrdd.
Ond yna cefais syniad 'rôl ysgol rhyw ddydd Llun:
mi fedrwn gynnal Steddfod yn fy llofft fach i fy hun!

Gosodais gynulleidfa i eistedd ar y llawr:
yr X-men, Smyrffs a'r Simpsons, a thedis bach a mawr.
Fy ngwely oedd y llwyfan, ac arno olau'r lamp,
a Dr Who yn arwain gan gyhoeddi rhwng pob camp:

'Distawrwydd nawr, gyfeillion! A 'newch chi gau y drysa',
a rhowch wrandawiad teilwng iawn i'r cystadleuydd nesa!'
Mi ddaru'r Teletubbies ddewis darnau digon anodd,
a chwarae'r piano'n ddigon del, ond fi fy hun enillodd!

Roedd Spiderman a Batman benben ar yr unawd cerdd dant,
ond fi aeth â'r wobr gyntaf gyda 'llais mor swynol â'r nant!'
Enillais yr alaw werin er i Siwpyrted ganu'n bersain,
A fi fy hun enillodd ar y parti canu deusain!

Enillais gadair, medal, a tharian, wir i chi.
Dyfalwch pwy gafodd y goron? Dyfalwch! . . . Ia! Fi!
Yn deilwng o Dlws y Cerddor, llawn haeddu'r Fedal Lên,
a hyd yn oed Fedal y Dysgwyr a gipiais gyda gwên.

Wel dyma'r Steddfod ora a gefais i erioed;
ces gyntaf, ail a thrydydd ar lefaru dan ddeuddeg oed!
Roedd pawb yn cymeradwyo: 'Yn doedd hi'n Steddfod wych!'
Rhois innau wên a winc bach slei i'r beirniad yn y drych.

Pryfalwopyn

Mi sgipiais o'r ysgol yn heini a llawen,
ond wp-a-dei, mi sathrais ar falwen!

Dyma weiddi ar Mam a rhedeg i'r tŷ,
ond yn fy mrys mi lyncais i bry!

Ras am y tap i yfed dropyn,
ond wrth i'r dŵr dywallt, mi foddais bry copyn!

Y noson honno
      yn fy ngwely
           yn sydyn
mi welais homar o bryfalwopyn,
ei gnawd yn wyrdd a'i lygaid yn felyn
a'i lais fel y daran, yn ddigon i'ch dychryn:

'Paid â niweidio yr un peth byw,
na buwch goch gota, na wennol na dryw,
na gwybedyn a'i adain yn llwch i gyd,
na sioncyn y gwair sy'n llonni'r byd,
na phry genwair diniwed na llyffant llaith,
na draenog pigog, na malwen chwaith,
na chwilen dew sy'n brysur drwy'r dydd,
nac iâr fach yr haf sy'n hedfan yn rhydd.
Paid â niweidio'r un peth byw;
maen nhw, fel chdi, yn perthyn i Dduw.'

Drychiolaeth

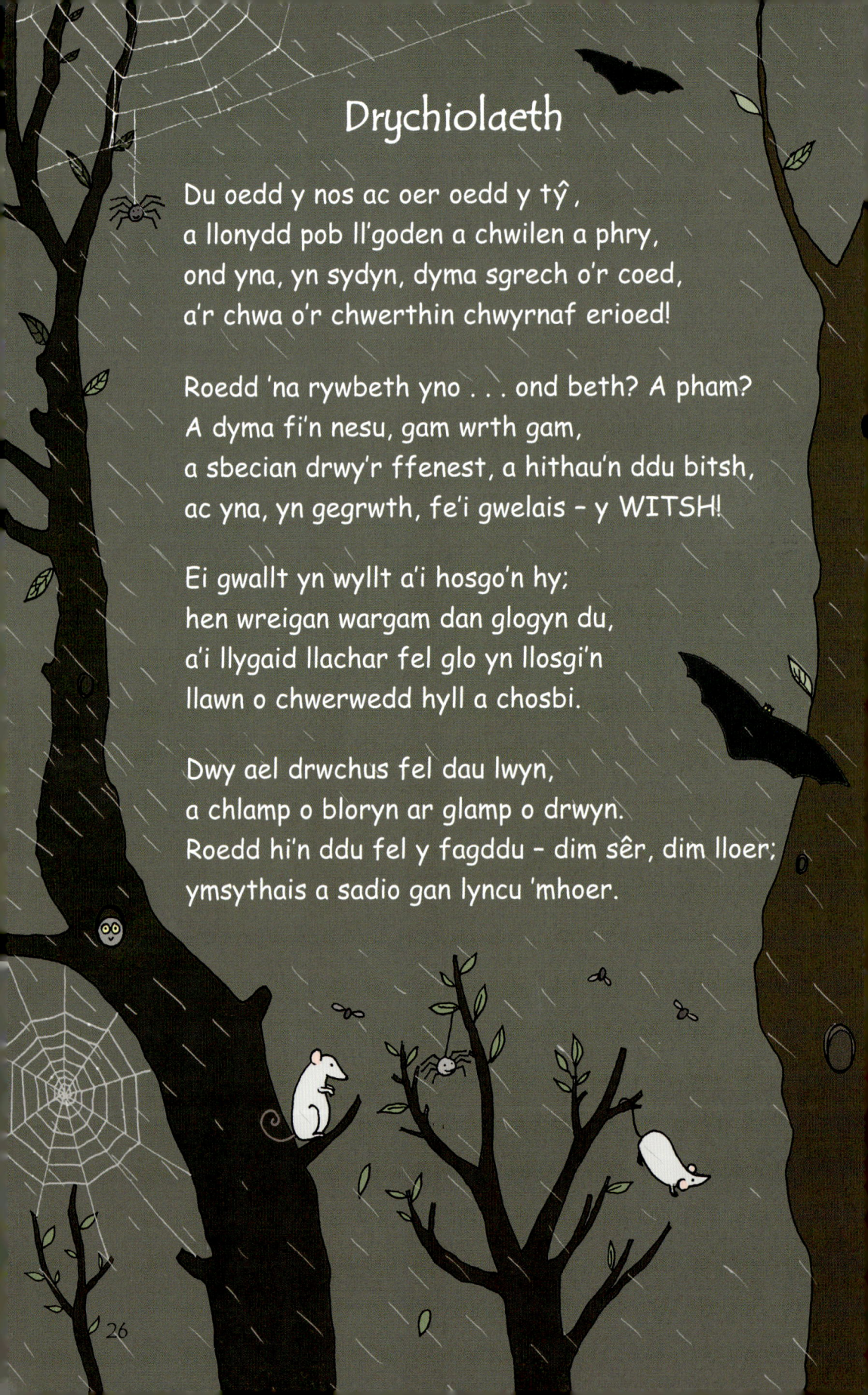

Du oedd y nos ac oer oedd y tŷ,
a llonydd pob ll'goden a chwilen a phry,
ond yna, yn sydyn, dyma sgrech o'r coed,
a'r chwa o'r chwerthin chwyrnaf erioed!

Roedd 'na rywbeth yno . . . ond beth? A pham?
A dyma fi'n nesu, gam wrth gam,
a sbecian drwy'r ffenest, a hithau'n ddu bitsh,
ac yna, yn gegrwth, fe'i gwelais – y WITSH!

Ei gwallt yn wyllt a'i hosgo'n hy;
hen wreigan wargam dan glogyn du,
a'i llygaid llachar fel glo yn llosgi'n
llawn o chwerwedd hyll a chosbi.

Dwy ael drwchus fel dau lwyn,
a chlamp o bloryn ar glamp o drwyn.
Roedd hi'n ddu fel y fagddu – dim sêr, dim lloer;
ymsythais a sadio gan lyncu 'mhoer.

Roedd hi'n anodd gweld drwy'r bwrw budur;
symudais yn nes ac yn nes at y gwydr
i graffu'n fanylach arni hi,
ond rhythai'r rhith yn syth arna i!

'WAAAAAAA!' meddwn i, a 'WAAAAAAA!' medda hitha,
y ddwy ohonom 'di dychryn i'r eitha.
'Oooo!' meddwn inna, ac 'Oooo!' medda hi,
a meddan ni'n dwy, 'Yr un un ydan ni!'

Nodyn Bodyn

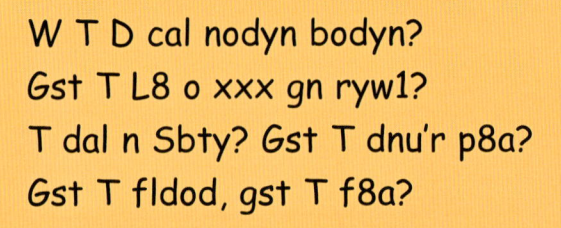

W T D cal nodyn bodyn?
Gst T L8 o xxx gn ryw1?
T dal n Sbty? Gst T dnu'r p8a?
Gst T fldod, gst T f8a?

Gst T Hlo gn 1ryw1?
Wt T D bd R D Bn D h1?
Wt T D bd N tmlon 1ig?
Pd a pni, Tn Rbnig!

Atb V R ngs dst1.
CRu T blod1,
Gd T wd1!

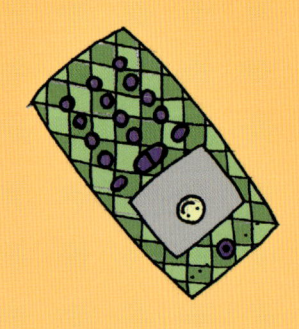

Dianc

Mi welais i ddyn,
dyn cyfrwys, dyn clyfar,
a lwyddodd un diwrnod
i ddianc o'r carchar.

Mi welais i ddynes
oedd â diogi'n y teulu
a lwyddodd un bore
i ddianc o'i gwely.

Mi glywais i blentyn
yn bloeddio bonllef
pan lwyddodd, un noson,
i ddianc rhag hunllef.

Mi welais hen wreigan
â'i gwên fel gardd rosod,
ar ôl iddi ddianc
rhag ei dannedd gosod.

Ond welais i 'rioed
yr un ddynes na dyn
a lwyddodd i ddianc
rhag ei gysgod ei hun.

Hunaniaeth

Does gen i'r un ddafad,
does gen i'r un ddraig,
a welis i 'rioed
het fawr ddu ar hen wraig.

Fedra i ddim gyrru tractor,
na chanu'r un delyn,
a dwi 'rioed 'di arogli
yr un pabi melyn.

Mae'n gas gen i gennin
a chacan gri,
ac mae bara brith
yn troi arna i.

Dwi 'rioed 'di cyfarfod
yr hen Dewi Sant,
a 'sa well gen i dagu
na chanu cerdd dant.

Ond mae gen i iaith,
ac mae honno'n ffrind
sy'n gwmni difyr
lle bynnag dwi'n mynd.

A tra bydd geiriau
rhyngddan ni,
mi fydda i'n gwbod
mai Cymro ydw i.

Cyn Cwsg

Dwi'n edrych i fyny
cyn rhoi 'mhen i lawr,
a diolch am bopeth,
yn fach ac yn fawr.

Dwi'n diolch am bawb
sy'n gofalu amdanaf,
am do uwch fy mhen
a gobennydd odanaf.

Dwi'n diolch am ffrindiau
sy'n fy 'ngneud i'n hapus.
Dwi'n diolch i Dduw
'mod i'n blentyn mor lwcus.

Dwi'n edrych i fyny
cyn rhoi 'mhen i lawr,
a diolch am bopeth,
yn fach ac yn fawr.